24 Black-line Masters

French Grammar Puzzles

Richard de Roussy de Sales

National Textbook Company
a division of *NTC Publishing Group* • Lincolnwood, Illinois USA

1994 Printing

Published by National Textbook Company, a division of NTC Publishing Group.
©1991 by NTC Publishing Group, 4255 West Touhy Avenue,
Lincolnwood (Chicago), Illinois 60646-1975 U.S.A.
All rights reserved. No part of this book may be reproduced, stored
in a retrieval system, or transmitted in any form or by any means,
electronic, mechanical, photocopying, recording or otherwise, without
the prior permission of NTC Publishing Group.
Manufactured in the United States of America.
3 4 5 6 7 8 9 VP 9 8 7 6 5 4 3 2

Preface

Crossword puzzles offer one of the most pleasant and entertaining methods available for foreign language students to learn and reinforce vocabulary and structures. Use of the crossword puzzles increases the students' understanding of the French language as a whole, rather than in isolated pieces.

French Grammar Puzzles is a series of crossword puzzles that will enable students of French to review grammar rules and learn to use the proper noun, the preposition, the verbs, and the tenses in French.

Students rarely enjoy doing substitution and replacement exercises in which they have to replace the blank space or dash with the proper word. Yet, these exercises are probably the most useful way to practice and gain mastery of the grammar of a language.

Doing these grammatical exercises in the form of crossword puzzles, especially designed for this purpose, turns these exercises into a game.

By merely glancing at the pages of black-line masters, it can be seen how easy these exercises are to anyone having a basic knowledge of French. Working out these puzzles, students will learn to say correctly: "je vais *en* France, *à* Paris, *au* théâtre; je veux *du* vin, pas *de* pain, j'*ai* soif, j'*ai* chaud, je *me* lave les mains, *il* pleut," etc.

The amusing description of some simple words, such as "Pour manger et pour écrire en s'assoit à une —," will test the students' understanding of French.

The words used in the crossword puzzles are listed in Category A of the Finstein and Pellet List. This means that the words are among the 1,000 words representing the basic vocabulary of the French language and which can be used profitably with elementary students as well as more advanced students.

A brief glossary after the Answer Key lists the words in the crossword puzzles not included in this category.

ANSWER KEY

I. **Horizontalement:** 1. Bon; 4. Fermer; 7. Chapeau; 8. Ira; 9. Marquise; 12. Tous; 13. Oui; 14. Feu; 15. N.S.; 16. Agir; 18. Sel; 19. Quel.

Verticalement: 1. Bu; 2. Pré; 3. Heureuse; 4. Fa; 5. Epouser; 6. Maisons; 7. Château; 10. Rouge; 11. Qu'; 17. Il; 20. A.

II. **Horizontalement:** 1. Cheval; 6. Bois; 7. Si; 8. Lue; 10. Après; 11. Jeudi; 13. Haut; 15. Essence.

Verticalement: 1. Coup; 2. Hier; 3. Es; 4. As; 5. Libraire; 6. Blanche; 9. As; 11. Jus; 12. Eté; 14. As.

III. **Horizontalement:** 1. Fumer; 6. Non; 8. As; 10. Me; 11. Roi; 12. Cou; 13. Il; 15. Un; 16. Vie; 18. Danse.

Verticalement: 2. Un; 3. Mot; 4. En; 5. Marin; 7. Jeune; 9. Sol; 10. Mou; 14. Vin; 16. Va; 17. Es.

IV. **Horizontalement:** 1. Fais; 4. Au; 5. Sa; 6. Fait; 8. Faite; 9. Lait; 10. Fais; 11. Or; 12. Que.

Verticalement: 1. Fait; 2. Au; 3. Fait; 5. Sait; 6. Fais; 7. Terre; 8. Fait; 9. La; 11. Où.

V. **Horizontalement:** 1. Table; 6. Joli; 7. Seulement; 9. Son; 10. Vue; 11. La; 13. Oeil; 14. Oiseau; 17. L'; 18. Mais; 21. Trente.

Verticalement: 1. Tous; 2. Allô; 3. Bien; 4. Elève; 5. Hôtel; 6. Je; 7. Salon; 8. Nuit; 12. Ai; 13. Ou; 15. Sept; 16. Aime; 17. Lit; 19. An; 20. Se.

VI. **Horizontalement:** 1. Fenêtre; 6. Eté; 7. On; 9. Or; 10. Monnaie; 11. An; 12. En; 13. Are; 15. Essence.

Verticalement: 1. Fromage; 2. Ne; 3. Etendre; 4. Te; 5. Etrenne; 8. Non; 9. Oie; 13. As; 14. En.

VII. **Horizontalement:** 1. Où; 3. Cou; 5. Mouche; 8. Mouchoir; 10. On; 11. Roule; 12. Dis; 13. Es; 14. Ni; 15. Elle; 17. Seul; 20. Ici; 22. Retenir.

Verticalement: 1. Où; 2. Sucre; 3. Chou; 4. Oeil; 5. Monsieur; 6. Ou; 7. Chose; 8. Moins; 9. Revenir; 16. Loin; 18. Lit; 19. Du; 21. Ci.

VIII. **Horizontalement:** 2. Vie; 5. Abeille; 9. Bonne; 10. Luc; 11. Ou; 12. Etroit; 14. Ces; 16. Dû; 17. Dira.

Verticalement: 1. Sable; 2. Vin; 3. Île; 4. El; 6. Bout; 7. Encre; 8. Eau; 11. Ôter; 13. Ici; 15. Sa.

IX. **Horizontalement:** 1. Marcher; 5. Ami; 6. Y; 7. Nerveux; 10. Eux; 12. En; 14. Epée; 17. Au; 18. Etat; 19. Par; 20. XV; 21. Ta.

Verticalement: 1. Manteaux; 2. Ame; 3. Rire; 4. Elu; 8. Vue; 9. Expert; 11. Y; 13. Nu; 15. Et; 16. Eau; 22. A.

X. **Horizontalement:** 1. Pêche; 6. Clé; 7. Ecrin; 9. Hier; 10. Vernis; 11. Prêt.

Verticalement: 2. Ecrire; 3. Client; 4. Henri; 5. Ne; 8. Cher; 10. V.P.

XI. **Horizontalement:** 1. Projet; 6. Rater; 8. Bleue; 10. Loin; 11. Du; 12. Aile; 13. As; 14. Ans; 15. Chemise.

Verticalement: 2. Oreille; 3. Jaune; 4. Eté; 5. Te; 7. Rousse; 8. Blanc; 9. Loi; 11. Dans; 14. Ai.

XII. **Horizontalement:** 1. Fleuve; 6. Jamais; 9. En; 10. Amour; 11. Art; 12. Route; 13. Te; 14. Dur; 15. Lit; 16. Iris; 18. Page; 19. Néroli; 21. Exception.

Verticalement: 1. Faut; 2. Lire; 3. Es; 4. Vertige; 5. Entêté; 6. Jardin; 7. Amoureux; 8. Mourir; 15. La; 17. Sole; 18. Pi; 20. Un.

XIII. **Horizontalement:** 1. Bon; 3. Les; 6. Au; 7. Haute; 9. Loin; 10. Comment; 12. Rhume; 13. Oie; 14. Sel; 16. Jus; 17. Aile.

Verticalement: 1. Bal; 2. Ou; 2. Lune; 4. Et; 5. Sept; 7. Homme; 8. Aime; 9. Louis; 10. Chou; 11. Noël; 14. Si; 15. Le.

XIV. **Horizontalement:** 1. Dame; 5. Rue; 6. Or; 7. Roue; 9. Cuit; 10. Litre; 11. Su.

Verticalement: 1. Drap; 2. Au; 3. Merci; 4. Prêter; 6. Ouir; 8. Out; 10. Lu.

XV. **Horizontalement:** 2. Oiseau; 6. Poule; 7. Cage; 9. En; 10. Poil; 11. Genre; 12. Vend; 14. Danser; 15. Ses; 16. Lu.

Verticalement: 1. Après; 2. Ou; 3. Il; 4. Secondes; 5. Aigle; 8. Air; 10. Pense; 11. Gens; 12. Va; 13. Peu; 14. Du.

XVI. Horizontalement: 1. Né; 2. Tante; 5. Sec; 6. Chérie; 8. Heure; 9. Je; 10. Aller; 11. Or; 12. Te; 13. Dur; 14. Ri; 15. Sure.
Verticalement: 2. Terre; 3. Acier; 4. Enterré; 5. Seul; 6. Chat; 7. Héler; 9. Jour; 13. Du.

XIX. Horizontalement: 1. Accents; 8. Chameau; 9. Charmant; 10. Hantent; 11. Attente; 13. Prirent; 16. Eu; 17. Las.
Verticalement: 1. Achat; 2. Chanter; 3. Carte; 4. Emmènera; 5. Néant; 6. Tante; 7. Sut; 9. Chat; 12. Oté; 13. Pu; 14. Il; 15. Es.

XVII. Horizontalement: 1. Poésie; 6. Rouge; 7. Et; 8. Lundi; 11. Milord; 12. Ames; 14. Noé; 15. Sire; 16. Nie; 17. Sec; 18. Jets; 19. Elire.
Verticalement: 1. Pot; 2. Ou; 3. Eglise; 4. Seul; 5. Endroit; 6. Repasse; 9. Nonne; 10. Idées; 11. Merci; 13. Miel; 18. Je.

XVIII. Horizontalement: 1. Octobre; 8. Rouvrit; 9. Eu; 10. Auto; 11. Italien; 13. Léser; 14. La; 15. Se; 16. Eugénie.
Verticalement: 1. Oreille; 2. Couteau; 3. Tu; 4. Ovale; 5. Bruir; 6. Rite; 7. Etonnée; 12. As; 15. Si.

XX. Horizontalement: 1. Cravate; 5. Cri; 6. Ou; 7. Du; 8. Seller; 10. Avoir; 11. Savons; 13. Monstre; 14. Sens.
Verticalement: 1. Cru; 2. Ri; 3. Voulons; 4. Trier; 5. Colis; 7. Devons; 8. Savon; 9. Liste; 12. Tel.

XXI. Horizontalement: 1. Février; 7. Atout; 8. Brisant; 10. Recaler; 11. Ira; 12. Défi; 13. Egoïste.
Verticalement: 1. Fabrique; 2. Etre; 3. Voici; 4. Rusa; 5. Italiens; 6. Retraite; 9. Nerf.

XXII. Horizontalement: 1. Localiser; 8. Rouge; 9. Ou; 10. Ni; 11. Toit; 12. On; 13. Prêts; 14. Montre; 15. Or; 16. Va; 17. Lin; 18. Tellement.
Verticalement: 1. Lentement; 2. Croient; 3. Août; 4. Lu; 5. Ignorer; 6. Seine; 7. Ravissant; 13. Proie; 16. Vin; 17. Le.

XXIII. Horizontalement: 1. Lumières; 7. Osa; 8. Oui; 9. Gilets; 12. Engrais; 14. Mer; 15. Neuf; 17. Entrée; 19. Né; 21. Tronc; 22. Dé.
Verticalement: 1. Logement; 2. Usine; 3. Malgré; 4. Rosière; 5. Eu; 6. Six; 10. Er; 11. Tant; 13. Sue; 16. Fête; 18. Non; 20. Er.

XXIV. Horizontalement: 1. Pasteur; 7. Molière; 8. Ami; 9. Procès; 12. Huit; 14. Adorer; 15. Guérir.
Verticalement: 1. Salir; 2. Vue; 3. Pompidou; 4. Si; 5. Te; 6. Erreur; 7. Ma; 10. Chéri; 11. Si; 13. Toit.

GLOSSARY

The 16 words listed below are the only ones that might be new to first-year French students, since they are not among the 1,000 words most frequently used in the French language. However, by working out all the other words of the crossword puzzles, you will obtain these words without assistance.

abeille, **f**	bee	jus, **m**	juice
aigle, **m**	eagle	léser	to wrong
âme, **f**	soul	oie, **f**	goose
as, **m**	ace	ouir	to hear
atout, **m**	trump	pré, **m**	meadow
chou, **m**	cabbage	rater,	to miss, to fail
épée, **f**	sword	ravissant	lovely
héler,	to hail	rhume, **m**	cold

MOTS CROISÉS I

Horizontalement:

1. Avant le déjeuner, ou le dîner, on dit: "_____ appétit".
4. Après être entré dans une pièce, il est poli de _____ la porte.
7. Le _____ que portent les Mexicains s'appelle un sombrero.
8. Bientôt, un homme _____ à la planète Mars.
9. La _____ de Pompadour était la favorite de Louis XV.
12. On travaille _____ les jours de la semaine, sauf le samedi et le dimanche.
13. Se marier, c'est prononcer le grand _____.
14. Pour faire un bon _____, il faut avoir du bois sec, du papier et des allumettes.
15. Abbréviation pour "Notre Seigneur."
16. Faire quelque chose.
18. Chlorure de sodium (NaCl).
19. _____ jour de la semaine sommes-nous aujourd'hui?

Verticalement:

1. Il est dangereux de conduire une auto après avoir _____ trop d'alcool.
2. Une petite prairie s'appelle un _____.
3. Une personne _____ est une personne qui n'est pas malheureuse.
4. Note de musique, quatrième degré de la gamme de do.
5. Prendre en mariage.
6. Constructions destinées à l'habitation humaine.
7. Habitation royale ou seigneuriale; ou grande et belle maison de campagne.
10. Couleur de sang.
11. "Que" devant "il".
17. Quelle heure est-_____?
20. Au revoir! _____ demain.

MOTS CROISES II

II

Horizontalement:

1. Animal qui va au pas, au trot et au galop.
6. Un _____ est un endroit où il y a beaucoup d'arbres.
7. _____ j'avais su!
8. "Avez-vous lu cette lettre?" "Oui, je l'ai _____."
10. L' _____ midi est la partie du jour qui va de midi jusqu'au soir.
11. _____ et dimanche sont deux jours de la semaine où les enfants français ne vont pas à école.
13. L'*Empire State Building* est plus _____ que la Tour Eiffel.
15. Pour que le moteur d'une auto marche, il faut mettre de l' _____ dans le réservoir.

Verticalement:

1. Au jeu de football, on donne un _____ de pied au ballon.
2. _____ est le jour qui précède aujourd'hui.
3. Tu _____ en train d'apprendre le français.
4. Tu _____ déjà fait beaucoup de progrès.
5. Un _____ est une personne qui vend des livres.
6. La résidence du président des Etats-Unis s'appelle "La Maison _____."
9. Au bridge, l' _____ est la carte qui a le plus de valeur. Il vaut plus que le roi.
11. On fait le vin avec le _____ des raisins.
12. On peut dire: "Je suis allé en France", ou "J'ai _____ en France."
14. Même mot qu'au No. 9 verticalement.

MOTS CROISES III

III

Horizontalement:

1. _____ trop de cigarettes est mauvais pour la santé.
6. Répondez oui ou _____.
8. Tu _____ raison.
10. Je _____ lève.
11. Louis-Philippe était le dernier _____ de France.
12. Les girafes ont un long _____.
13. _____ pleut.
15. Vingt-huit plus cent trois, moins cent trente, font _____.
16. Mener une _____ de chien, c'est avoir une existence malheureuse.
18. Sur le pont d'Avignon, on y _____.

Verticalement:

2. Un et _____ font deux.
3. Trouvez un _____ de trois lettres.
4. Je vais aller _____ France cet été.
5. Un _____ est un homme qui sait naviguer.
7. Une _____ fille est une personne non mariée du sexe féminin.
9. Do, ré, mi, fa, _____, la, si, do.
10. Pour être bon, le Camembert doit être _____.
14. "Le _____ n'est pas seulement un produit agricole; c'est aussi une œuvre d'art. Chaque cru a sa personnalité".
16. Il _____ neiger.
17. Tu _____ Américain, n'est-ce pas?

MOTS CROISES IV

Le verbe *FAIRE*

Horizontalement:

1. Je _____ partie du cercle français.
4. Je vais _____ théâtre.
5. Le duc d'Edimbourg a épousé la reine Elizabeth; elle est donc _____ femme.
6. Il _____ beau.
8. La bonne dit que votre chambre est _____.
9. Les vaches donnent du _____.
10. Je _____ mon devoir.
11. L'_____ est un métal précieux dont se servent les dentistes.
12. Qu'est-ce _____ c'est?

Verticalement:

1. J'ai _____ la connaissance d'une charmante jeune fille.
2. Demandez _____ concierge à quel étage habite Mme Dupont.
3. La cuisinière _____ la cuisine.
5. Il _____ nager.
6. Je _____ du ski.
7. La _____ est le nom de la planète que nous habitons.
8. Il _____ de la peinture.
9. Le livre est sur _____ table.
11. _____ est le Nord?

MOTS CROISES V

Horizontalement:

1. Pour manger et pour écrire, on s'assoit a une _____.
6. Oh! le _____ bébé!
7. Winston Churchill ne parlait pas _____ l'anglais, mais le français aussi.
9. On ne dit pas "**sa amie**", mais " _____ amie".
10. Du haut de la Tour Eiffel, on a une très jolie _____ sur Paris.
11. Le livre est sur _____ table.
13. **Yeux** est le pluriel de _____.
14. Un animal qui chante et qui vole s'appelle un _____.
17. Devant un mot qui commence par une voyelle, on ne dit pas **le** ou **la**, mais _____.
18. On ne dit pas **en** Portugal, _____ **au** Portugal.
21. Treize et dix-sept font _____.

Verticalement:

1. " _____ sont venus" signifie que tout le monde est venu.
2. Le premier mot que l'on dit au téléphone est: " _____ !"
3. "Comment allez-vous?" "Très _____ , merci, et vous?"
4. Un _____ est un garçon qui étudie avec un professeur.
5. Une maison avec beaucoup de chambres s'appelle un _____.
6. _____ suis fatigué.
7. Dans une maison, la pièce destinée à recevoir les visiteurs est le _____.
8. La _____ commence après le coucher du soleil.
12. J' _____ froid.
13. A la question "Etes-vous marié" on répond oui _____ non.
15. Quatre et trois font _____.
16. J' _____ la glace au chocolat.
17. La nuit on dort dans un _____.
19. Le 1er janvier est le Jour de l' _____.
20. On ne dit pas "Il lave ses dents", mais "Il _____ lave les dents."

MOTS CROISES VI

Horizontalement:

1. Ce qu'on ouvre quand il fait chaud et qu'on ferme quand il fait froid.
6. Du 21 ou 22 juin au 22 ou 23 septembre.
7. Pronom indéfini désignant d'une manière vague une ou plusieurs personnes.
9. Métal que les gouvernements aiment avoir en réserve.
10. Ce qu'on aime à avoir dans son porte-monnaie.
11. Douze mois.
12. Etes-vous _____ bonne santé?
13. 100 mètres carrés.
15. Le mot français pour "gasoline".

Verticalement:

1. Celui de Roquefort est fameux.
2. Petit mot qui accompagne le mot **pas**, ou **rien**.
3. Coucher tout du long.
4. Pronom personnel de la deuxième personne.
5. Présent fait à l'occasion du Jour de l'An.
8. Le contraire de "oui".
9. Oiseau domestique que beaucoup de Français mangent le jour de Noël.
13. Le verbe **avoir**, à la deuxième personne du singulier, au présent.
14. Même mot qu'au No 12 horizontalement.

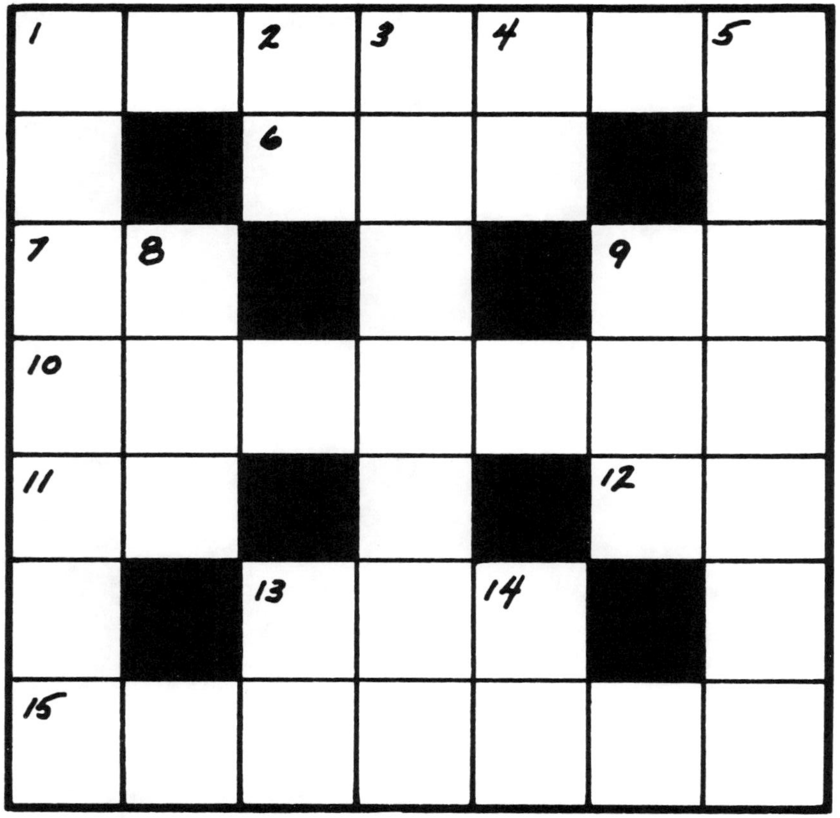

MOTS CROISES VII

Horizontalement:

1. ____ est la plume de ma tante?
3. Le ____ d'une girafe est très long.
5. Une ____ est un insecte qui vole et qui est très ennuyeux.
8. On se mouche dans un ____.
10. En France, ____ vend des allumettes dans les bureaux de tabac.
11. Un cycliste ____ sur deux roues.
12. Je ____, tu dis, il dit, nous disons, vous dites, ils disent.
13. Je suis, tu ____, il est, nous sommes, vous êtes, ils sont.
14. Ce qui n'est ni chaud, ____ froid, est tiède.
15. Où est la plume de ma tante maintenant? ____ est sur la table.
17. Qui est sans compagnons est ____.
20. A un chien on dit: "Viens ____!"
22. Un barrage sert à ____ les eaux d'une rivière.

Verticalement:

1. ____ allez-vous?
2. Prenez-vous du ____ dans votre café?
3. Un ____ est un légume. C'est aussi un terme d'affection.
4. **Yeux** est le pluriel de ____.
5. M. est l'abréviation de ____.
6. Est-ce que votre sœur est brune ____ blonde?
7. Une ____ est un objet quelconque, ou n'importe quoi.
8. Huit ____ cinq font trois.
9. Venir de nouveau.
16. Ce qui n'est pas près est ____.
18. Un ____ est un meuble sur lequel on se couche pour se reposer ou pour dormir.
19. J'ai commandé des œufs, de la bière et ____ pain.
21. Je préfère celui ____ à celui-là.

MOTS CROISES VIII

Horizontalement:

2. Espace de temps qui va de la naissance à la mort.
5. Une _____ est un insecte qui produit le miel.
9. Une _____ à tout faire est une femme chargée de tous les travaux du ménage.
10. Saint _____ était l'un des quatre évangélistes.
11. A beaucoup de questions, on vous demande de répondre oui _____ non.
12. Ce qui a peu de largeur est _____.
14. Le pluriel de **ce** est _____.
16. Ce qui est _____ est ce que l'on doit à quelqu'un.
17. "Il ne _____ rien" signifie qu'il ne va rien dire.

Verticalement:

1. On trouve du _____ sur les plages.
2. On fait du _____ avec des raisins.
3. Une étendue de terre entourée d'eau de tous côtés s'appelle une _____.
4. L'article **le** s'écrit "_____" en espagnol.
6. Le _____ d'un bâton est la partie extrême du bâton.
7. On met de l'_____ dans un stylo.
8. On met de l'_____ dans le radiateur d'une auto.
11. _____ son chapeau signifie enlever son chapeau.
13. _____ on parle français.
15. A un roi ou à un empereur on donne le titre de: _____ Majesté.

MOTS CROISES IX

Horizontalement:

1. Aller à pied.
5. Quand on écrit une lettre à une personne pour qui on a de l'affection, la première ligne de la lettre est souvent: "Cher ___."
6. Les contes de fées commencent souvent par la phrase: "Il ___ avait une fois...."
7. Un homme ___ est un homme qui s'impatiente facilement, qui a des nerfs sensibles.
10. Le pluriel de **lui**.
12. Les sept nains sifflaient ___ travaillant.
14. Dans "Les Trois Mousquetaires" on trouve souvent cette phrase: "Il tira son ___ du fourreau".
17. L'Arc de Triomphe est ___ milieu de la place de l'Etoile.
18. Louis XIV disait: "L' ___ c'est moi".
19. Pour qu'une lettre arrive vite, il faut l'envoyer ___ avion.
20. C'est sous le règne de Louis ___ que la Lorraine et la Corse furent rattachées à la France.
21. Comment va ___ sœur?

Verticalement:

1. Les femmes portent des ___ de fourrure en hiver.
2. Mourir, c'est rendre son ___ à Dieu.
3. ___, c'est exprimer un sentiment de joie et de gaieté.
4. Ronald Reagan a été ___ président en 1980.
8. La ___ est la faculté de voir.
9. Un ___ est un specialiste.
11. Cette lettre que vous venez de recevoir, allez-vous ___ répondre?
13. Un enfant ___ est un enfant qui n'est pas vêtu.
15. On met du sel ___ du poivre dans beaucoup de sauces.
16. H_2O.
22. La Suisse est ___ l'est de la France.

MOTS CROISES X

Horizontalement:

1. La _____ est un fruit. C'est aussi un sport qui consiste à attraper des poissons.
6. Une _____ est un instrument qui sert à ouvrir ou fermer une porte.
7. Un _____ est un coffret où l'on garde des bijoux.
9. Si c'est vendredi aujourd'hui, _____ c'était jeudi.
10. "Avoir un _____ d'élégance" signifie avoir une apparence brillante.
11. Dire qu'on est _____ à partir signifie qu'on peut partir tout de suite.

Verticalement:

2. Les enfants apprennent à lire et à _____.
3. Une personne qui va voir régulièrement un commerçant est son _____.
4. _____ IV fut assassiné par Ravaillac en 1610.
5. Je _____ sais pas.
8. Quand quelque chose coûte trop d'argent on dit que c'est trop _____.
10. L'abréviation de Vice-Président.

MOTS CROISES XI

XI

Horizontalement:

1. Ce qu'on a l'intention de faire s'appelle un _____ .
6. _____ un examen, c'est ne pas réussir, ou échouer.
8. Un ciel sans nuages est d'une couleur _____ .
10. Ce qui est à une grande distance est _____ .
11. J'ai _____ bon tabac dans ma tabatière.
12. Une seule _____ n'est pas suffisante pour voler. Les oiseaux et les avions en ont deux.
13. L' _____ de cœur vaut plus que le roi de cœur.
14. En France, le Président de la République est élu pour sept _____ .
15. Un homme dort en pyjamas et une jeune fille dort en _____ de nuit.

Verticalement:

2. L' _____ est l'organe qui sert à entendre.
3. Un citron est de couleur _____ .
4. L' _____ est une saison chaude.
5. Tu _____ demandes la signification de ce mot.
7. Une jeune fille est blonde, brune ou _____ .
8. Le drapeau français est bleu, _____ , rouge.
9. Nul n'est censé ignorer la _____ .
11. Il y a beaucoup d'eau _____ la mer.
14. J' _____ chaud.

MOTS CROISES XII

XII

Horizontalement:

1. Un _____ est une grande rivière que aboutit à la mer.
6. Un éléphant bleu! Cela ne s'est _____ vu.
9. Des éléphants blancs! Oui, il y _____ a en Thaïlande.
10. Sentiment passionné pour une personne de l'autre sexe.
11. La peinture est un _____ ; de même que la musique, la sculpture et la danse.
12. Grand chemin de communication pour autos et autres véhicules.
13. Si tu demandes ce mot à ton professeur, il _____ le dira.
14. Ce qui n'est pas mou est _____ .
15. Pour dormir, on se couche dans un _____ .
16. Partie de l'œil que joue le rôle d'un diaphragme. (C'est le même mot en anglais.)
18. Feuille d'un livre.
19. Huile volatile, extraite de la fleur d'oranger, qui porte le nom d'une princesse italienne qui a inventé ce parfum. (C'est le même mot en anglais.)
21. Les mots qui se terminent en **eu** (comme neveu, cheveu) ont leur pluriel en **x** (des neveux, des cheveux). Mais il y a une _____ ; c'est le mot **pneu** dont le pluriel est: des **pneus**.

Verticalement:

1. "Il _____ manger pour vivre" signifie qu'il est nécessaire de manger pour vivre.
2. Une personne illettrée est une personne qui ne sait ni _____ ni écrire.
3. J'espère que tu n' _____ pas malade.
4. Sensation désagréable que l'on a lorsqu'on est sur le toit d'un bâtiment très haut et que l'on regarde en bas.
5. Un homme _____ est un homme très obstiné.
6. "Il faut cultiver son _____ ."
7. Qui aime d'amour, avec passion.
8. Cesser de vivre.
15. Note de musique.
17. Poisson plat, très bon à manger. (C'est le même mot en anglais.)
18. 3,1416.
20. Un nombre.

MOTS CROISES XIII

Horizontalement:

1. Ce qui n'est pas mauvais est _____.
3. Le pluriel de **la** et de **le** est _____.
6. Contraction pour **à le**.
7. L'opposé de **basse** est _____.
9. Ce qui n'est pas près est _____.
10. Bonjour, _____ allez-vous?
12. Une personne qui a attrapé un _____ tousse, éternue et se mouche beaucoup.
13. Une _____ est un oiseau domestique que l'on mange souvent à Noël.
14. Une substance blanche très salée.
16. On fait du vin avec le _____ des raisins.
17. L'_____ d'un avion, ou d'un oiseau, lui permet de voler.

Verticalement:

1. On danse à un _____.
2. Mot qui sert à indiquer une alternative.
3. Planète satellite de la terre, où les astronautes ont fait plusieurs voyages.
4. Un _____ un font deux.
5. Cinq et deux font _____.
7. Etre humain.
8. J'_____ les jolies choses.
9. Marie-Antoinette était la femme de _____ XVI.
10. Un _____ est un légume.
11. _____ est la fête de la nativité du Christ.
14. Mot qui exprime un fait positif.
15. _____ livre est sur la table.

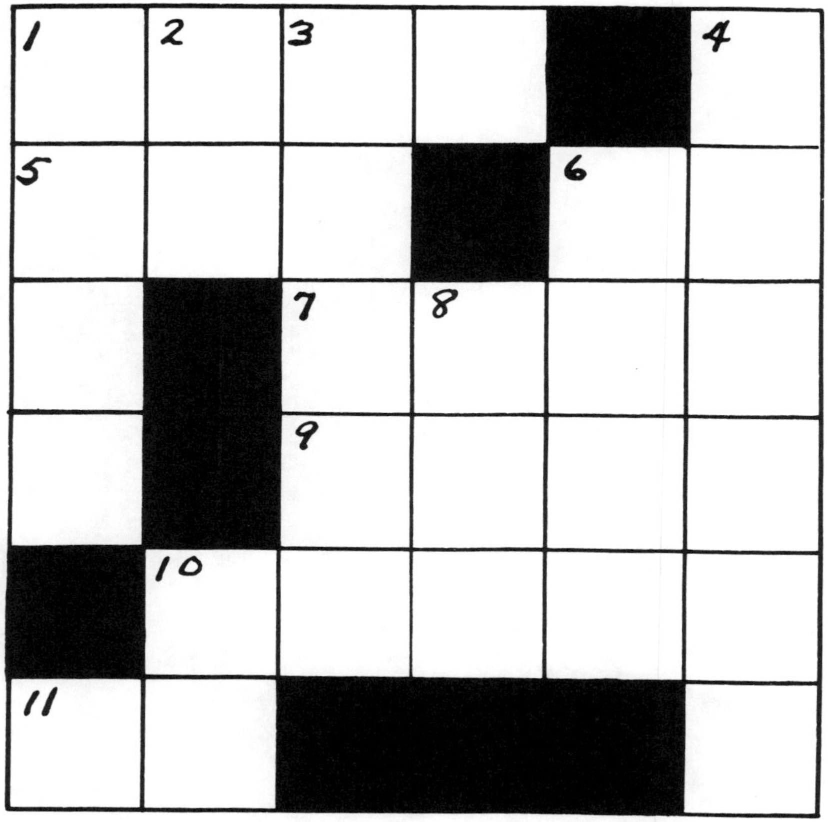

MOTS CROISES XIV

Horizontalement:

1. Une _____ est une femme mariée.
5. Il faut faire attention avant de traverser la _____.
6. Conjonction qui marque la transition d'une idée à une autre.
7. La cinquième _____ d'une auto est utilisée en cas de crevaison.
9. Certaines personnes préfèrent leur bifteck bien _____, et d'autres le préfèrent saignant.
10. Un _____ d'essence correspond approximativement au quart d'un **gallon** américain.
11. Le participe passé de **savoir** est _____.

Verticalement:

1. La grande pièce de lingerie recouvrant un matelas s'appelle un _____.
2. Il faut aller _____ fond des choses.
3. Quand on vous rend un service, vous dites _____.
4. Avant de _____ de l'argent à quelqu'un, le banquier s'assure que cette personne offre toutes les garanties possibles.
6. Le verbe _____ est moins usité que le verbe **entendre**.
8. Au tennis, quand la balle est tombée hors des limites du court, on crie "_____"!
10. Participe passé du verbe **lire**.

MOTS CROISÉS XV

Horizontalement:

2. Un _____ est un animal qui a des plumes et qui pond des œufs.
6. La _____ est la femelle du coq.
7. Pour qu'un oiseau ne s'envole pas, on le met dans une _____.
9. Si on vous demande si vous avez de l'argent, vous répondrez probablement: "Non, je n'_____ ai pas".
10. Parlant d'un cheval, d'un chien ou d'un chat, on ne dit pas qu'il a les **cheveux** noirs; on dit qu'il a le _____ noir.
11. En grammaire, on parle du _____ masculin et féminin. C'est toujours l'un ou l'autre.
12. Un marchand de vin est une personne qui _____ du vin.
14. Pour _____ les nouvelles danses, il faut un bon orchestre.
15. La souris n'aime pas les chats. Ce sont _____ ennemis.
16. Avez-vous _____ le journal? Si oui, vous connaissez les nouvelles.

Verticalement:

1. Quand deux personnes arrivent en même temps devant une porte, l'une dit "_____ vous!" et invite l'autre à passer en premier.
2. Aimez-vous Brahms? la réponse peut être oui _____ non.
3. _____ fait beau aujourd'hui.
4. Il y a soixante _____ dans une minute.
5. L'_____ est l'oiseau que l'on voit sur les pièces américaines de 50 et de 25 cents.
8. L'_____ est de quoi se compose le vent.
10. Descartes a dit: "Je _____ donc je suis".
11. Au lieu de dire "Les personnes s'en vont", on peut dire "Les _____ s'en vont".
12. Au lieu de dire: "Il pleuvra", on peut dire: "Il _____ pleuvoir".
13. Travailler _____, c'est ne pas travailler beaucoup.
14. Prenez-vous votre café avec _____ sucre, ou sans sucre?

MOTS CROISES XVI

Horizontalement:

1. Napoléon Bonaparte est _____ en Corse.
2. La duchesse de Windsor était la _____ de la reine d'Angleterre.
5. Un climat _____ est un climat qui n'est pas humide.
6. On appelle une personne tendrement aimée: "Ma _____".
8. Pour les Anglais, l'_____ du thé est sacrée.
9. Quand on ignore la réponse à une question, on dit: "_____ ne sais pas".
10. Pour _____ en France, il faut traverser l'Atlantique.
11. Dire qu'une personne a "un cœur d'_____" signifie qu'elle a un cœur généreux.
12. "_____ Deum laudamus" signifie: "Seigneur, nous te louons".
13. Un œuf _____ est un œuf qui est bien cuit.
14. Le participe passé du verbe **rire** est _____.
15. Une chose certaine est une chose _____.

Verticalement:

2. Galilée a été le premier à découvrir que la _____ n'était pas le centre de l'univers et tournait autour du Soleil.
3. L'_____ est un métal plus dur que le fer.
4. "_____" signifie: mis sous terre.
5. Vivre _____, c'est vivre isolé, sans compagnie.
6. En anglais, quand on est enroué, on dit: "J'ai une grenouille dans la gorge", et quand un Français est enroué, il dit: "J'ai un _____ dans la gorge".
7. _____ un taxi, c'est appeler de loin un taxi.
9. Le premier janvier est le _____ de l'an.
13. _____ est l'article contracté pour **de le**.

MOTS CROISES XVII

Horizontalement:

1. Poème.
6. Couleur du sang.
7. Conjonction.
8. Premier jour de la semaine, en France.
11. Titre donné quelquefois en Europe aux lords ou aux Anglais de distinction.
12. Une ville de 20.000 _____ est une ville de 20.000 habitants.
14. Il construisit par ordre de Dieu l'arche qui devait le préserver du déluge.
15. Titre qu'on donnait au roi de France en lui parlant ou en lui écrivant.
16. Dit qu'une chose n'existe pas, n'est pas vraie.
17. Pas humide.
18. Avions à réaction.
19. Nommer à une fonction par la voie des suffrages.

Verticalement:

1. Vase de terre ou de métal, de formes diverses.
2. Mot qui exprime une alternative.
3. Où l'on va le dimanche matin si on est chrétien.
4. Qui est sans compagnie, isolé.
5. Lieu, place déterminée.
6. Passe de nouveau.
9. Religieuse.
10. Notions que l'esprit se forme de quelque chose.
11. Parole de remerciement.
13. Substance sucrée et parfumée produite par les abeilles.
18. Personne à qui l'on pense beaucoup.

MOTS CROISES XVIII

XVIII

Horizontalement:

1. Un mois d'automne.
8. Ouvrit de nouveau.
9. **Avoir** au participe passé.
10. Moyen de transport.
11. Homme né en Italie.
13. Faire tort à.
14. Note de musique.
15. Pronom personnel.
16. Femme de Napoléon III.

Verticalement:

1. Avec quoi on entend.
2. Instrument qui coupe.
3. Pronom personnel.
4. Qui a la forme d'un œuf.
5. Rendre un son confus.
6. Cérémonial ou ensemble de règles qui se pratiquent dans une religion.
7. Frappée de surprise.
12. Une carte à jouer.
15. Note de musique.

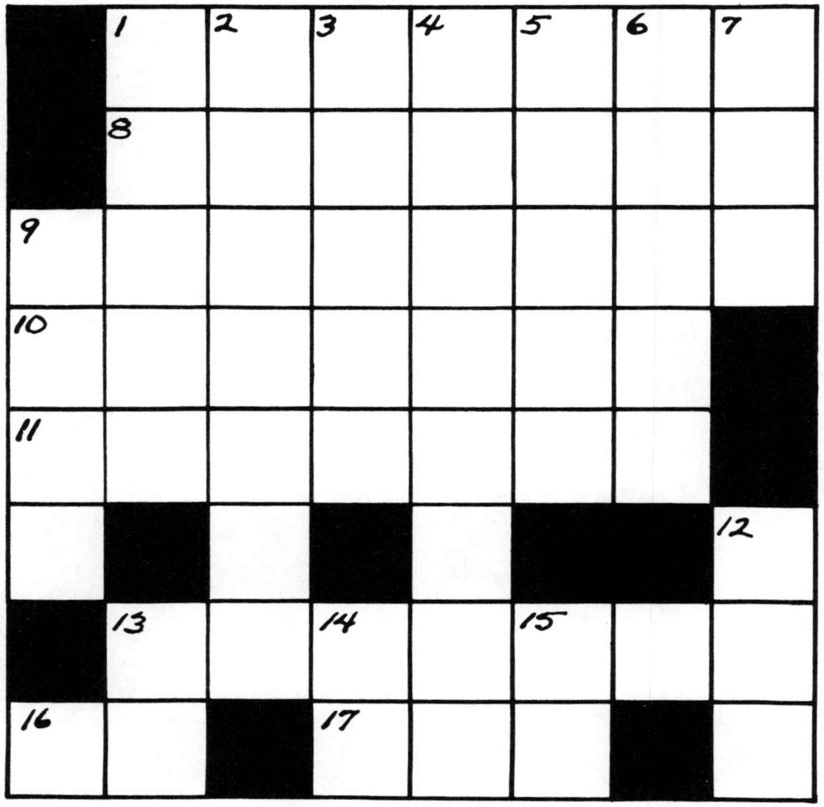

MOTS CROISES XIX

Horizontalement:

1. En français, il ne faut pas oublier de mettre les _____ graves et aigus sur les **e**.
8. Le _____ est un animal très utile dans le désert. Il boit très peu.
9. Agréable, qui captive le cœur.
10. Les fantômes _____ certaines vieilles maisons en Angleterre.
11. Quand vous voyagez en avion, on vous dit souvent à l'aéroport qu'il y aura une _____ d'une heure avant que votre avion puisse partir.
13. Les voyageurs qui _____ le train arrivèrent avant ceux qui voyagèrent par avion.
16. La vieille dame a _____ peur en voyant la souris.
17. Etre _____, c'est être fatigué de tout.

Verticalement:

1. Ce qu'on a acheté.
2. Former avec la voix des sons musicaux.
3. Ce qu'on regard pour apprendre la géographie.
4. Le ministre ira à Bagdad. Il _____ sa secrétaire avec lui.
5. Rien; ce qui n'existe pas.
6. La sœur de votre père ou de votre mère.
7. Verbe **savoir** au passé simple, troisième personne du singulier.
9. Animal qui miaule.
12. Au cinéma, comme le chapeau de la dame empêchait la personne assise derrière elle de voir, elle a _____ son chapeau.
13. Avez-vous _____ faire ce problème de mots croisés?
14. _____ n'est pas facile.
15. J'espère que tu n' _____ pas fatigué.

MOTS CROISES XX

Horizontalement:

1. Le morceau d'étoffe que les hommes se nouent autour du cou s'appelle une _____.
5. Un éclat de voix s'appelle un _____.
6. Parlez-vous français bien _____ mal?
7. Mettez-vous _____ sucre dans votre café?
8. _____ un cheval, c'est mettre la selle sur le dos du cheval.
10. _____ est le verbe auxiliaire formant les temps composés des verbes transitifs, et de quelques intransitifs.
11. Les _____ parfumés ne sont pas toujours ceux qui lavent le mieux.
13. Plusieurs personnes disent qu'ils ont vu le _____ du lac Loch en Ecosse.
14. Dans les grandes villes, il y a beaucoup de rues à _____ unique.

Verticalement:

1. Les Esquimaux mangent le poisson _____.
2. Le participe passé de **rire** est _____.
3. Nous _____ la paix.
4. Dans la plupart des bureaux de poste aux Etats-Unis, il y a des machines pour _____ les lettres.
5. Les _____ peuvent être envoyés par bateau, ou par avion.
7. Nous _____ payer nos impôts avant le 15 avril.
8. On se lave les mains avec du _____ et de l'eau chaude.
9. Pour son goûter d'anniversaire, elle a établi une _____ d'invités.
12. Le froid est _____ que tout est gelé.

MOTS CROISES XXI

Horizontalement:

1. Le mois de _____ n'a que 28 jours.
7. Dans certains jeux de cartes, comme le bridge, on choisit une couleur (cœur, pique, carreau ou trèfle), ou l'on choisit un "sans _____".
8. Un rocher sur lequel la mer se brise s'appelle un _____.
10. _____ un élève à un examen signifie le refuser.
11. Le verbe **aller** au futur, troisième personne du singulier.
12. "Mettre quelqu'un au _____" est une provocation par laquelle on juge un adversaire incapable de faire quelque chose.
13. Une personne _____ est une personne qui ne pense qu'à soi, et à personne d'autre.

Verticalement:

1. Aux usines Renault, on _____ des automobiles.
2. "Etre ou ne pas _____", voilà la question.
3. Préposition qui désigne, entre deux ou plusieurs objets, celui qui est le plus près; ou qui annonce ce que l'on va dire.
4. "Il _____" signifie qu'il se servit de ruses.
5. Les habitants de l'Italie.
6. La _____ de Russie, en 1812, fut un désastre pour Napoléon.
9. L'expression "L'argent est le _____ de la guerre" signifie que l'argent est le facteur principal de la guerre.

MOTS CROISES XXII

XX II

Horizontalement:

1. Déterminer la place de.
8. Une des couleurs du drapeau américain.
9. Conjonction qui sert à indiquer une alternative.
10. Symbole chimique du nickel.
11. Couverture d'une maison.
12. Pronom indéfini.
13. Sommes d'argent mises à la disposition d'une personne pour un temps limité.
14. Instrument portatif qui sert à déterminer l'heure.
15. Métal de couleur jaune.
16. Troisième personne du singulier du présent du verbe **aller**.
17. Plante cultivée surtout dans le Nord de la France. La toile est faite avec les fibres de cette plante.
18. A tel point.

Verticalement:

1. Avec lenteur.
2. Les athées ne _____ pas en l'existence de Dieu.
3. Un mois d'été.
4. Un livre qu'on a fini de lire est un livre _____.
5. Ne pas savoir, ne pas connaître.
6. Rivière qui traverse Paris.
7. Qui charme l'esprit, les sens.
13. "Le corbeau ouvre un large bec et laisse tomber sa _____".
16. Boisson faite avec du jus de raisins.
17. Le "Sears Tower" à Chicago est _____ plus haut gratte-ciel du monde.

MOTS CROISES XXIII

XXIII

Horizontalement:

1. Elles éclairent.
7. Eut le courage.
8. Le mot à dire quand on se marie.
9. Vêtements d'homme, sans manches, qui se portent sous la veste.
12. Produit chimique ou organique que le paysan met dans la terre pour avoir une meilleure récolte.
14. Grand lac salé.
15. Qui n'a pas encore servi.
17. Endroit par où l'on entre.
19. Venu au monde.
21. Dans un abre, il va du sol aux branches.
22. Petit cube à faces marquées de points, de un à six, pour différents jeux.

Verticalement:

1. On y habite.
2. On y fabrique des objets.
3. En dépit de.
4. Jeune fille vertueuse à laquelle, dans certaines localités, on décerne solennellement une récompense. (Ce prix consistait jadis en une couronne de roses).
5. Participe passé d'un verbe auxiliaire.
6. Vient après cinq.
10. La terminaison des verbes du 1er groupe à l'infinitif.
11. Telle quantité.
13. La leçon doit l'être.
16. En France, le 14 juillet en est une.
18. Le contraire de oui.
20. Terminaison de verbes à l'infinitif.

MOTS CROISES XXIV

XXIV

Horizontalement:

3. Illustre chimiste et biologiste français (1822-1895). Il découvrit le vaccin contre la rage.
7. Auteur comique français (1622-1673) dont le vrai nom était Jean-Baptiste Poquelin.
8. Personne pour qui on a de l'affection.
9. Instance devant un juge, sur un différend.
12. Quatre fois deux.
14. Aimer avec passion.
15. Retrouver la santé.

Verticalement:

1. Rendre pas propre.
2. Faculté de voir.
3. Nom d'un ancien président de la République française.
4. A moins que.
5. Pronom personnel.
6. Faute.
7. C'est de _____ faute.
10. "Darling."
11. Note de musique.
13. Couverture d'une maison.

NTC INTERMEDIATE FRENCH-LANGUAGE MATERIALS

Computer Software
French Basic Vocabulary Builder
  on Computer

**Videocassette, Activity Book,
and Instructor's Manual**
VidéoPasseport—Français

Conversation Books
Conversational French
A vous de parler
Au courant
Tour du monde francophone Series
  Visages du Québec
  Images d'Haïti
  Promenade dans Paris
  Zigzags en France
Getting Started in French
Parlons français

Puzzle and Word Game Books
Easy French Crossword Puzzles
Easy French Word Games
Easy French Grammar Puzzles
Easy French Vocabulary Games
Easy French Culture Puzzles
Easy French Word Games and Puzzles

**Text/Audiocassette Learning
  Packages**
Just Listen 'n Learn French
Just Listen 'n Learn French Plus
Conversational French in 7 Days
Sans Frontières
Practice & Improve Your French
Practice & Improve Your French Plus
How to Pronounce French Correctly

Intermediate Workbooks
Ecrivons mieux!
French Verb Drills

Black-Line and Duplicating Masters
The French Newspaper
The Magazine in French
French Verbs and Vocabulary Bingo
  Games
French Grammar Puzzles
French Culture Puzzles
French Word Games for Beginners
French Crossword Puzzles
French Word Games

Transparencies
Everyday Situations in French

Reference Books
French Verbs and Essentials of Grammar
Nice 'n Easy French Grammar
Guide to French Idioms
Guide to Correspondence in French

Bilingual Dictionaries
NTC's New College French and
  English Dictionary
NTC's Dictionary of *Faux Amis*

For further information or a current catalog, write:
National Textbook Company
a division of *NTC Publishing Group*
4255 West Touhy Avenue
Lincolnwood, Illinois 60646-1975 U.S.A.